Jean-Luc Hoste

Eve en solitudes

I0022739

Jean-Luc Hoste

Eve en solitudes

Vénus sanglota quand pleura Bérénice

Éditions Muse

Impressum / Mentions légales
Bibliografische Information der Deutschen Nationalbibliothek: Die Deutsche Nationalbibliothek verzeichnet diese Publikation in der Deutschen Nationalbibliografie; detaillierte bibliografische Daten sind im Internet über http://dnb.d-nb.de abrufbar.
Alle in diesem Buch genannten Marken und Produktnamen unterliegen warenzeichen-, marken- oder patentrechtlichem Schutz bzw. sind Warenzeichen oder eingetragene Warenzeichen der jeweiligen Inhaber. Die Wiedergabe von Marken, Produktnamen, Gebrauchsnamen, Handelsnamen, Warenbezeichnungen u.s.w. in diesem Werk berechtigt auch ohne besondere Kennzeichnung nicht zu der Annahme, dass solche Namen im Sinne der Warenzeichen- und Markenschutzgesetzgebung als frei zu betrachten wären und daher von jedermann benutzt werden dürften.

Information bibliographique publiée par la Deutsche Nationalbibliothek: La Deutsche Nationalbibliothek inscrit cette publication à la Deutsche Nationalbibliografie; des données bibliographiques détaillées sont disponibles sur internet à l'adresse http://dnb.d-nb.de.
Toutes marques et noms de produits mentionnés dans ce livre demeurent sous la protection des marques, des marques déposées et des brevets, et sont des marques ou des marques déposées de leurs détenteurs respectifs. L'utilisation des marques, noms de produits, noms communs, noms commerciaux, descriptions de produits, etc, même sans qu'ils soient mentionnés de façon particulière dans ce livre ne signifie en aucune façon que ces noms peuvent être utilisés sans restriction à l'égard de la législation pour la protection des marques et des marques déposées et pourraient donc être utilisés par quiconque.

Coverbild / Photo de couverture: www.ingimage.com

Verlag / Editeur:
Éditions Muse
ist ein Imprint der / est une marque déposée de
OmniScriptum GmbH & Co. KG
Heinrich-Böcking-Str. 6-8, 66121 Saarbrücken, Deutschland / Allemagne
Email: info@editions-muse.com

Herstellung: siehe letzte Seite /
Impression: voir la dernière page
ISBN: 978-3-639-63594-2

Eve en solitudes

Jean-Luc Hoste

À toutes les femmes.

Elles sont indispensables aux hommes.

Prologue

"La femme est l'avenir de l'homme" disait Aragon. A juste titre. Contrairement à ce que croient beaucoup d'hommes ... et même de femmes, ces dernières sont de loin supérieures à l'homme dans beaucoup de domaines.

Exemples concrets ? Une femme se retrouvant seule, par suite de circonstances comme un divorce, le décès du compagnon ou du mari, un statut de célibataire, peut poursuivre sa vie sans avoir la tête d'un homme sur l'oreiller avoisinant le sien.

Ce qui n'est pas le cas pour un homme. S'il se retrouve seul, il recherchera sans attendre quelqu'un pour partager sa vie. A quelques exceptions près.

Une femme cadre d'entreprise ou femme d'affaire, sinon politicienne, apporte à son intelligence ce "petit plus" de subtilité, de finesse.

Cet écrit ne se veut pas polémique, ni même féministe. Simplement objectif. Evoquant la solitude de nombreuses femmes. Quel que soit le chemin de vie qu'elles parcourent. Mères de famille au foyer, employées le jour et bonniches le soir, religieuses ne pouvant accéder au sacerdoce, aidantes bénévoles de leur mari titulaire d'une profession libérale en gommant leur propre formation. Sinon les femmes se prostituant, sombrant dans l'alcoolisme. Egalement les couples de lesbiennes et leur courage de vivre leur amour au vu et au su de tout le monde. Les célibataires ne trouvant pas de compagnon de vie ou optant pour une vie en solitaire.

Sans oublier les cas de figure plus tristes, comme les femmes qui se retrouvent seules avec un bébé né handicapé. Il n'est pas rare que le mari, n'ayant pas la force et le courage de son épouse, abandonne sa famille, laissant la maman désemparée. Les veuves du quatrième âge, meurtries physiquement ou psychologiquement par la vie, déposées par leurs enfants dans un hospice ou une maison de retraite comme on abandonne un chien dans un refuge : il est fréquent qu'elles ne voient plus leurs enfants.

Fin du siècle précédent, année consacrée comme "année de la femme". Les choses ont-elles tellement changé ?
Pas sûr !

Il ne faut pas remonter bien loin dans le temps pour se souvenir - via les témoignages de nos compagnes, parents ou grand parents - que les adolescents poursuivaient des études leur ouvrant la porte à une vie professionnelle. En revanche, la majorité des jeunes filles suivaient un parcours scolaire dont une partie leur permettait d'apprendre comment devenir une parfaite mère au foyer : couture, cuisine familiale, soumission au mari, éducation des enfants, etc.

La mixité dans les établissements d'enseignement ont-ils modifié la donne ? Que ce soit dans n'importe quel domaine, professionnel, familial ou tout simplement la vie de tous les jours, tout en admettant que les mentalités ont évolué, le chemin est encore long à parcourir !

Introduction

Les pages qui suivent ne peuvent être considérées comme un roman, une fiction linéaire racontant l'histoire imaginaire de l'un ou l'autre personnage, une suite de biographies. Juste une série de "petits flashs" tous basés sur le vécu de femmes rencontrées au hasard du temps qui s'enfuit.

Vivant encore sur notre planète ou parties vers un univers inconnu.
Avec la force et la volonté de nos compagnes de faire valoir leurs droits, leur égalité par rapport aux hommes.
Ces derniers, se croyant encore pour certains stupidement supérieurs à la gent féminine, oublient bien souvent qu'ils sont sortis du ventre d'une femme.
Que sans elles, ils n'existeraient pas.

Il est difficile de comprendre la pérennité du sentiment de supériorité masculine par rapport à la féminité. S'il n'y avait eu le mouvement des suffragettes en Grande-Bretagne en 1903 pour réclamer le droit pour les femmes de voter (obtenu un quart de siècle plus tard, avec la réserve que si l'homme pouvait voter dès ses 21 ans, la femme ne pourrait faire la même démarche qu'à partir de trente ans), les mentalités des hommes seraient restés en l'état.

La dernière guerre démontrait le courage de la gent féminine avec en conséquence l'octroi par la Belgique du suffrage universel mixte en 1948. Il en fut ainsi dans de nombreux pays influencés par la culture occidentale (et chrétienne ?).

Origine du "machisme" ? Sans nul doute d'origine animale du temps des premiers hominidés, la femelle étant indispensable pour faire se perpétuer la race, sans plus. De plus, était dévolu à l'homme la fonction de chasser, de protéger le clan.

4

Machisme influencé par la suite par la religion, en particulier la judéo-chrétienne : souvenons-nous de la Genèse, où il est dit qu'Eve fut créée par Dieu au départ d'une côte d'Adam. Saint-Paul écrivait dans l'une de ses épîtres que la femme est soumise à l'homme et ne peut s'exprimer en public.

Ce qui provoque, bien souvent, un sentiment de solitude pour la femme.
Elles se retrouvent dans les milieux professionnels, aux tables de lecture, aux bénévolats divers, aux salles de réunion des enseignant(e)s des écoles, aux tables de bridge ou l'alignement des lettres sur la tablette du scrabble. Elles courent à petits pas et à la queue leu-leu le long des murs de la salle de gymnastique, font des brasses dans l'eau des piscines chlorées. Sinon des files d'attente devant les guichets de l'ONEM.

Elles se parlent de leurs accouchements, se papotent des problèmes de leurs ados de filles ou de fils n'ayant que l'ordinateur et les jeux électroniques comme centres culturels, de leur mari souvent enquiquineur. Elles se rient, se discutent. Quelque part, bien souvent, pour cacher leur solitude. Elles songent au travail qui les attendra à leur retour à la maison. La soupe et le repas, le repassage, le rôle de technicienne de surface, de baby-sitter pour leurs enfants tandis que leur mari regardera le "foot" à la téloche.

Réducteur comme réflexion ?
Bien sûr, elle ne concerne pas l'ensemble des femmes. Toutefois, malgré l'intégration croissante de nos compagnes dans la politique, le social, les finances, il n'en demeure pas moins qu'une bonne partie d'entre elles restent vivre dans l'ombre de leur mari ou compagnon. Sinon de leur employeur qui, pour certains, leur donne une rémunération inférieure à celle de leurs collègues masculins.

La réflexion devient ringarde. Ce qui n'empêche qu'il existe encore des difficultés pour une femme d'embrasser telle ou telle profession, "la femme gâchant le métier". Apophtegme quelque peu stupide encore courant il y a quelques années chez la tranche de "mâles", même instruits, se croyant supérieurs aux "femelles". La formation, quelle qu'elle soit, n'augmentant pas de facto le quotient intellectuel !

Aujourd'hui s'en vient Axelle, notre vétérinaire, pour les diverses vaccinations pour nos compagnes et compagnons quadrupèdes. Ce qui me fait plaisir. Parce qu'elle est mignonne, bien sûr, mais également parce qu'elle a un rapport avec nos chats et le chien quasi maternel. Une sorte de tendresse qui ne se rencontre que rarement chez un vétérinaire masculin

Il est un fait que les mentalités évoluent. Mais les braises restent longtemps brûlantes !
En réalisant cet écrit qui se veut un éloge à "Eve", j'écoute "Recuerdos de la Alhambra", de Francisco Tárrega, qui a certainement été inspiré par une femme, avec sa douceur, sa diversité, ses délicieux caprices, pour écrire cette merveilleuse page musicale.
Femmes, je vous aime, comme le chante Julien Clerc.

Bernadette

En fait, je ne m'appelle pas Bernadette, mais suis inscrite sur les registres de l'Etat civil sous le prénom de Marie-Bernarde. A l'instar de Bernadette Soubirous, qui aurait vu la Vierge apparaître dans la grotte de Massabielle, le faubourg de la cité lourdaise, dans les Hautes-Pyrénées, en 1858. Mes parents étaient fort croyants et avaient passé leur lune de miel dans un hôtel à un jet de pierre de la basilique. C'est dans cette chambre d'hôtel que je fus conçue. Neuf mois plus tard on devait me mettre le premier lange et tenter d'arrêter mes couinements. Comme on dit, je grandis en âge et en sagesse. Quoiqu'en sagesse, j'ai paradoxalement connu le premier baiser profond à la fin de la cérémonie de la "profession de foi" à ma douzième année. Sur le parvis de l'église, les parents se parlaient, se racontaient leurs dernières vacances, les communiantes et communiants rêvaient de leurs cadeaux.

Jean-Louis - un beau gamin plus ou moins de mon âge - m'avait souvent regardée durant les cours chiants du catéchisme. Il me dit "viens me rejoindre au cimetière derrière l'église. Je te montrerai la tombe de mon grand-père". Bon. Je l'y rejoins. Mais ce n'est pas une pierre tombale que j'ai découverte, mais la nouvelle et étrange découverte d'une langue caressant la mienne.

Il fréquentait le même collège que moi. Un jour, durant la récréation, après notre baiser que l'on se partage le plus souvent qu'il est possible, "tu es forte en histoire, hein, Bernadette ?" Ben, oui. "Viens tantôt à la maison pour m'aider. Je ne m'en sors pas avec les capétiens". Après les cours, le temps de dévorer une biscotte enrobée de confiture, je m'en vais chez lui. "Mes parents ne sont pas là. Viens dans ma chambre et tu m'expliqueras les capétiens et toute l'histoire de France". Les capétiens ? Plutôt les dentelles de ma petite culotte ! Un quart d'heure plus tard, quelques taches de sang sur le drap de son lit. "C'est la première fois, tu sais. Cela m'a fait un peu mal."

Je n'ai plus revu Jean-Louis. Sa mère, en rentrant, a découvert les taches de sang sur le drap, a vite compris. Le lendemain, elle le retirait du collège et l'envoyait en pension.

Elle était ainsi, l'éducation de cette époque. Etait-ce mieux, était-ce pire ? L'avenir nous l'apprendra. Mais il est bien certain que d'avoir les premières relations sexuelles à un âge de transition entre l'enfance et le début d'une existence d'adulte n'apporte pas grand chose de positif à l'adolescent(e) !

Soit.

Etudes secondaires en humanités classiques, les "latin-grec" comme on disait en ce temps-là. Cicéron, Virgile, *de bello gallico* de Jules César. Sophocle, Platon, Socrate. Ptolémée, Toutankhamon et Néfertiti. Je n'ai pas oublié Jean-Louis. Les autres étudiants boutonneux et sentant la transpiration ne m'attirent pas. Une seule chose compte pour moi, l'Histoire.

Un soir, entre la poire et le fromage,

"Bernadette, tu termines tes humanités cette année-ci. Après, soit au travail, soit l'université. Y-as tu pensé ?"

"Oui Papa. J'aimerais faire une licence en histoire"

"En histoire ? Pourquoi ne ferais-tu pas la théologie ?"

"Non, Maman, c'est l'Histoire qui m'intéresse. Il paraît que l'ULB est bien cotée dans ce domaine"

"L'ULB, des libres-penseurs ! Pourquoi pas l'Université catholique de Louvain ?"

"Non. L'ULB"

Mon oncle et parrain Adrien, juriste de son état sorti également de l'Université libre de Bruxelles, a convaincu mes parents d'accepter mon choix. D'autant, flèche spartiate, "que cela coûterait moins cher en déplacements", vu que nous habitions non loin de la faculté et que je pouvais m'y rendre à pieds.

Les années se passent, se terminant par un bilan tanguant entre distinction et grande distinction. Un soir de Saint-Verhaegen, la fête des étudiants, guindaille dans le bistrot cavé du Roi d'Espagne, sur la Grand-Place de Bruxelles. Les chansons paillardes fusent. Tout y passe. Le curé de Camaret, ah la salope, Saint-Nicolas monte en ballon, etc. A la seule table non occupée par les étudiants, un couple. Lui, la soixantaine ouvrant de grands yeux effarés : sa compagne, la trentaine, rythme les chants estudiantins de grands coups de poing sur la table.

Face à moi, un étudiant que j'avais déjà remarqué au restaurant de l'université. Sympa. Les cheveux jusqu'aux épaules, le dessous du nez et des lèvres recouvert de poils. Un Ferré Grignard ou Maxime Le Forestier bruxellois. "Tu t'appelles comment ?" "Bernadette. Et toi ?" "Bernard. J'aimerais te revoir".

Trois semaines plus tard, après un lunch vespéral dans un petit caboulot en banlieue de Bruxelles, je passais la nuit avec lui. Etudiant en sciences économiques, il projette d'ouvrir une entreprise, une fois ses études terminées, de ventes de produits d'informatique.

Je termine mes études avec grande distinction. Mon mémoire final ? Les relations culturelles et économiques durant l'Antiquité sur quasi l'ensemble de la planète - ne dit-on pas que des bateaux phéniciens ont abordé sur les côtes de l'Amérique ? -.
Bernard a également mis le point final à ses études avec un écrit évoquant le futur technologique des nouveaux moyens de communications. On se marie. Mon époux crée son commerce grâce un crédit à l'investissement bancaire accordé sur base de son diplôme. Moi, je cherche du boulot. Difficile pour une historienne !

Un soir, "Dis, une secrétaire me coûterait cher. Mon bénéfice actuel ne me le permettrait pas. Comme tu cherches du boulot, pourquoi ne pas travailler pour moi, à titre bénévole ?"

Bon, j'oublierai Aménophis, Ptolémée, le Parthénon, l'écriture cunéiforme. Ma vie sera rythmée par les appels téléphoniques, commandes et prises de rendez-vous. Pour des ordinateurs alignant les chiffres comptables ou des jeux informatiques débiles. Champollion est mort. Mozart, Chopin, Brahms également.

Nouveaux logiciels sur le marché et musique house.

En devenir "traumatisée" ?

Oui.

Mais j'aime mon homme. Ses affaires sont fructueuses. Parfois, nostalgie pour ce je me faisais comme projets de vie. Entretemps, deux enfants sont nés. Durant mes grossesses, Bernard écoutait souvent "*en cloque*" de Renaud Séchan .

Un soir, Bernard, "Bernadette, as-tu aussi vu la pub de la firme (...) qui installe un nouveau magasin pour la multinationale à cinquante mètres de mon magasin ?" Ben, non ! "Leurs prix sont des 20 à 30% moins chers que les miens."

Les affaires périclitent. Le fisc et la TVA s'entendent pour chercher des poux à Bernard. Dépôt de bilan. Faillite.

Quelques jours plus tard, Bernard me dit devoir aller dans le Hainaut pour rencontrer un informaticien intéressé par la reprise du magasin.

Il n'en reviendra pas. Les plongeurs le découvriront dans sa voiture, fenêtres ouvertes au cœur de l'hiver, dans le lit de la Sambre du côté de Montignies.

Cela sera catalogué comme accident.

Moi, sa femme devenue sa veuve, je sais.

Les flics ne se sont pas étonnés que les vitres de la voiture étaient ouvertes.

C'était pour que l'eau entre plus vite, qu'il parte plus rapidement.

Et je me retrouve seule pour m'occuper des deux mouflets. Sans ressources sinon la rente de survie.

Bernard ne m'avait nullement protégée au cas où il devait disparaître.

Jessica

Courrier électronique :

- J'ai vu ton nom sur Internet. Tu as bien soixante-huit ans ?

- Ben oui !

- Ça te dit de (...) face au webcam en me voyant me caresser ?

- Non, absolument pas. En revanche, que tu me parles de toi m'intéresse

- Pourquoi ?

- Comme ça. Racontes

- On ne m'a jamais demandé ça ! Mais cela me fait plaisir. Il y a longtemps que j'ai envie de me raconter, même à un inconnu qui s'intéresse à ce que je suis dans la tête. Voilà. J'ai trente et un ans et je ne te parlerai pas de ma jeunesse que je préfère oublier. A la sortie de la Fac, je n'ai pas trouvé de boulot. Les offres d'emploi pour une biologiste ne courent pas les rues. J'aurais eu honte d'être chômeuse. J'ai eu une idée, devenir pute indépendante sur Internet. Ce qui ne m'engage pas physiquement. Cela m'aurait dégoûté d'avoir à subir les caresses de vieux dégueulasses. Mais j'aime me montrer et j'aime le sexe. Mon idée ? Proposer à des pépères sexagénaires de se vider les c... face au webcam en me regardant me caresser .

- Pourquoi des sexas comme cibles ?

- Parce que s'ils sont encore verts, leurs épouses sont souvent devenues asséchées et refusent toute relation sexuelle

- Mais au niveau financier, comment cela marche ?

- Ben, tiens, je fais payer mes 'prestations' via leur carte bancaire, dont je vérifie la validité

- Et cela fonctionne bien ?

- Tu ne te rends pas compte : je n'arrête pas de travailler ! Il est neuf heures du matin, et déjà deux vieux cons se sont soulagés devant la cam pendant que leur épouse dormait encore. Avec ça, je pourrai payer mon loyer !

- Eh donc, dès le petit matin, youp, toujours prête à la demande ?

- Mais non ! Je passe des cams préenregistrées. Cela plaît au mec, il me paie. Sans état d'âme pour moi.

Bien sûr, cela pourrait outrager les dames bien pensantes de la bonne société. Mais après tout, cela ne vaut-il pas mieux que les esclavages bordéliques et les contacts physiques ? Comme me le disait Jessica dans un langage plus que vert, beaucoup d'hommes tentent de prouver leur virilité "en se vidant les c..." ou en tenant le volant d'une auto entre les mains.

- Et tu n'as pas envie de rencontrer quelqu'un, vivre en couple, faire des enfants ?
- Non : les hommes me dégoûtent et les enfants m'emmerderaient.
- Et que feras-tu lorsque tu auras soixante ans et des seins devenus flasques ?
- J'aurai largué les amarres.

Fatou

Je me nomme Fatoumata, mais on m'appelle Fatou. Je vis au Congo Belge comme disent les colons avec leurs casques ridicules ressemblant à une marmite renversée. Par mes parents, je suis princesse comme disent les blancs. Fille du chef de la tribu. Je fais mes études dans un collège où les professeurs sont des prêtres en robe blanche. En d'autres mots, un collège pour les enfants de riches.

Peu de noirs comme étudiants. Principalement des blancs. Parmi eux, il en est un que j'aime bien, Massimo, fils d'un diplomate italien.

Soirée un samedi soir pour fêter la fin des études secondaires. On y mange, on y boit, on y danse. Rock and roll sur "Barbara-Ann" des Beach-Boys et slows langoureux de "love my tender" d'Elvis Presley. "Tu danses ?" Massimo me sert contre lui. Ses lèvres caressent les miennes, son ventre colle au mien. "Il fait chaud ! On va se promener dans le parc ?"

On se promène sous les étoiles. Le romantisme est au rendez-vous. On s'assied dans l'herbe. Puis, tout se passe vite. Il me couche sur le dos. "J'ai envie de toi !" Moi, non. Sa main se fait insidieuse. Tout ce que je pensais de Massimo s'effondre. Je me débats. "Ta gueule, négresse. Ici, ce sont les hommes, surtout s'ils sont blancs, qui dirigent !"

Il me viole.

Porter plainte ?

A quoi bon : le commissaire est couleur d'aspirine. De plus, Massimo est le fils d'un diplomate ! Et si je me suis fait violer, c'est que je l'ai cherché, paraît-il.

Je pense subir l'intervention d'une "faiseuse d'ange". J'en parle à confession. Effroi du confesseur, jeune curé d'origine belge. Connu pour son intérêt pour les jeunes filles africaines. "Mais vous vous rendez compte, ma fille ? Vous commettriez un péché mortel, seriez excommuniée et passeriez votre éternité en enfer. C'est Dieu qui donne la vie, ce n'est que Lui qui peut y mettre fin !"

A l'époque, j'étais encore fort croyante. Je souscris à ses balivernes et vois mon ventre grossir. Ce qui me fait perdre mon job de caissière dont le patron est musulman d'origine pakistanaise. Enceinte sans être mariée !

Lorsqu'il m'a payé mes indemnités de licenciement avec préavis non presté, il m'a dit "inch Allah". À quoi j'ai répondu "je vous emmerde".

Neuf mois plus tard, un poupon café-crème. A la petite radio que j'avais mise dans mon sac lorsque je suis partie à la maternité, "Belle-Île en mer" de Laurent Voulzy.

Mon bébé couleur   coquille de noix sourit dans ses rêves. Je lui dis doucement à l'oreille "Yallah", en avant, on y va. J'ai néanmoins peur. Comment sera-t-il accepté par ma famille ?

"Ma fille, je suis heureux que tu sois de retour et tu nous as fait un petit-fils merveilleux. Il n'est pas anthracite comme nous, mais on s'y habituera. C'est moi le chef de la tribu. Tu vivras chez nous le temps que tu veux. Demain, va chez Simonne qui tient un salon de coiffure au bas de la rue. Elle cherche une apprentie. Ta mère s'occupera du petit."

Je n'ai jamais autant aimé mon père.

La vie se passe. Séraphin - c'est le nom que j'ai donné à la petite crevette - grandit. Ecole maternelle, études primaires. Il est non seulement accepté par ses condisciples, mais est quasi considéré comme supérieur à eux vu sa peau sang-mêlé. Passionné par le sport et le scoutisme.

Mille neuf cent cinquante neuf. L'exposition universelle dans la lointaine Belgique de nos colonisateurs vient de fermer ses portes. Notre pays veut l'indépendance. Ce que la Belgique accepte. Le roi Baudouin vient en faire l'annonce officielle à Léopoldville, écoutant la diatribe du futur premier ministre congolais, Patrice Lumumba. Ecrivain et journaliste de haut niveau.

L'indépendance et la création de la République démocratique du Congo entraîne une vague de violences contre les blancs. Des troupes belges viennent pour les protéger.
Un soir, mon père,
- Ma fille, j'ai à te parler. Il n'y a pas que les blancs qui sont victimes de vengeance de notre part. Egalement ce qu'ils nous ont donné comme héritage, comme les enfants mulâtres. Cela va être difficile pour toi, ma fille, mais il faut te séparer de Séraphin
- Mais ... pourquoi ? Et comment ?
- S'il reste ici, ma fille, il risque fort d'être tué par ces forcenés ivres de vengeance. Mieux vaut savoir son enfant ailleurs mais vivant que d'en être séparé par la mort. Pour le reste, parce qu'il faut faire vite, un avion belge est sur l'aéroport sous protection militaire, pour ramener en Belgique les blancs et ceux qui risquent leur vie en restant ici.
- Mais, comment, Père ?
- Demain, l'avion s'envole à dix heures. Je me suis renseigné. J'y amènerai Séraphin.
- Et où ira-t-il en Belgique ?

- Chez des religieuses qui tiennent un orphelinat. Elles y accueillent les enfants réfugiés comme Séraphin. Sois courageuse, ma fille.

Arrivé en Belgique, sans papiers d'identité, Séraphin est inscrit aux registres de l'Etat civil sous le patronyme de Pierre, le prénom de Paul : il avait débarqué à Zaventem le 29 juin, jour de la fête des saints Pierre et Paul.

Fatoumata ne reverra plus jamais son fils : il s'est tellement acclimaté à la Belgique, à sa famille d'adoption, qu'il n'a pas souhaité retrouver ses racines. Ce qui est son droit.

Evelyne, Melissa, etcetera

Prénoms d'emprunt sur des sites de rencontres. Il en est dans toutes les niches de Cupidon. Les uns se spécialisant dans les rencontres pour trouver l'âme sœur en tout bien, tout honneur. D'autres des rencontres coquines entre célibataires hommes, femmes ou homosexuel(les). Sinon, sans état d'âme, des portails proposant des aventures à couleur d'adultères. Sans parler des sites mi-figue mi-raisin, sans filtrage des demandeurs d'inscription.

Pour les premières évocations, les personnes qui s'y inscrivent savent dans quelle finalité précise ils réalisent leurs démarches. Pour la dernière, en revanche, c'est de loin plus flou. Il s'y trouve un peu de tout derrière une apparence linéaire. Prostituées à la recherche de clients, membres féminins ou masculins des filières d'arnaque d'Afrique de l'Ouest, etc. Au demeurant faciles à déceler dès la première conversation, en décryptant la façon de répondre. Tout d'abord, l'orthographe est bafouée quasi dans chaque terme.

Ensuite, des phrases, des mots, des expressions, des façons d'écrire identiques. Qui en décèlent toujours l'origine. Comme "j'aimerais prendre contact avec vous si je ne vous dérange pas", "ouii" avec le redoublement du *i*, "ah, ok". "cava ?" au lieu de "ça va ?", etc.

Sans parler de la "délocalisation", les "correspondantes" se prétendant vivre quelque part en France, l'heure de leur appel - affichée sur l'écran des réseaux sociaux - étant quasi toujours antérieures de deux heures par rapport à l'heure française ou belge. Ce qui correspond à la différence horaire avec ... les pays d'Afrique de l'Ouest !

Autre élément : le scénario. Quasi toujours le même. Sans entrer dans les détails, cela se termine toujours par une demande d'aide financière via Western Union. Parfois par la tentative de chantage basée sur des photos, pour la plupart truquées, tombant dans le cloaque de la pornographie.

Il importe évidemment de fort prendre garde à ce genre de relations ! Ainsi que, en cas d'ouverture fortuite d'un mail d'invitation, procéder immédiatement au scan de votre ordinateur par votre anti-virus : ce genre de message est souvent susceptible d'introduire dans votre ordinateur des logiciels dangereux.

Cela étant, les sites de rencontre, fréquentées majoritairement par des femmes recherchant des correspondants masculins, font découvrir un sentiment de solitude et de désarroi de nombre de nos compagnes dans la vie. Trois tranches de vie s'y retrouvent principalement : les jeunes, entre vingt et trente ans, recherchant l'âme sœur. De trente à cinquante ans, abandonnées par leur mari ou compagnons. Les plus de soixante ans, ayant perdu leur homme après le passage de la "*Grande faucheuse*". Cherchent-elles "le sexe" ? Non. Il n'est qu'un moyen, un trait d'union, pour pouvoir se confier à quelqu'un, sortir de leur solitude. Se dénicher un ami à qui parler. Anonymement, virtuellement. Il est deux néologismes non dénués d'importance : la cyber-amitié et le cyber-amour.

L'une comme l'autre relation permettant de briser la solitude en gardant son indépendance.

Mélusine

Mélusine. Prénom peu usité. Mes parents avaient un goût commun : la Bretagne et ses légendes. Ils y passent durant l'après-guerre une quinzaine de jours en villégiature dans le bruit des vagues et sous le soleil à Guilvinec. Neuf mois plus tard, je braillais mon premier hennissement.

Deux ans se passent. Mes parents se séparent. Maman est effondrée. Plus tard, adolescente, je me lance le défi de venger le départ de mon père en optant pour une profession traditionnellement réservée aux hommes, l'expertise comptable. J'aimais dessiner, créer. Je mets cela sous le boisseau. Je veux gagner mon défi.
Etudes dans une haute école de comptabilité.

Avec deux résultats qui dessineront ma vie. D'une part, diplôme "les doigts dans le nez", malgré mes difficultés à rédiger mon mémoire de fin d'études et le machisme de certains professeurs : "la comptabilité n'est pas un métier pour les femmes !". D'autre part rencontre d'Armand, étudiant dans la même institution. Il a les qualités qui m'attirent chez un homme. Il est battant, "en veut", mais avec une solide dose d'humour et de fantaisie.

Je le drague, mais juste un peu : il m'a avoué qu'il m'avait également mise en exergue des autres étudiantes.
On se parle, on se plaît. On se retrouve devant un thé ou un café dans l'un ou l'autre bistrot. Et un soir, tout bêtement, Armand : "et si l'on se faisait une vie ensemble ?"
La question que je n'osais poser.
Mariage. Deux experts comptables sous le même toit. La clientèle, au départ arbuste sans prétention, devient rapidement chêne robuste.
Un enfant naît de notre couple.

La vie se déroule, calme, emplie de bonheurs et de décryptages de bilans ou déclarations fiscales. Dans une complicité affective et professionnelle ... et la fumée des cigarettes qu'Armand fume en trop grand nombre.

L'âge de la retraite s'en vient. On remet le cabinet. Armand se sent de plus en plus fatigué, même s'il passe ses journées quasi comme un zombie dans le fauteuil du salon. A force d'insister, il accepte de consulter. Le diagnostic est rapide : cancer du poumon.

Pour tenter d'enrayer la maladie, une seule possibilité : ablation partielle du poumon atteint. Intervention chirurgicale fort lourde, douloureuse quant à la convalescence. Malheureusement, les métastases sont déjà passés à l'action : le cancer se généralise, la médecine baisse les bras devant un tel ennemi. Morphine pour éviter la douleur, chambre d'hôpital, puis clinique spécialisée en soins palliatifs, dont mon Armand prend congé après quelques mois, dans une caisse en sapin.

Je me retrouve seule. Mon fils s'est marié, a deux enfants. Je les vois de temps à autres, ce qui atténue ou m'oblige à oublier pour un jour ou deux ma douleur.
Des problèmes financiers ? Il y a pire. La maison est payée, j'ai un beau jardin, j'ai mes revenus de pension de survie et le montant de mes indemnités de retraite. Loin d'être pharaoniques : leur apport au portefeuille pour un indépendant est loin de permettre une vie pareille à celle ayant cours durant la vie active !

Doucement s'en revient la passion de ma jeunesse : le dessin. Inscription dans une académie où je m'initie également à la sculpture. Ce qui étonne mon fils et son épouse et épate nos petits enfants. Je participe à des expositions et mes réalisations artistiques se vendent sans problèmes.

Le dimanche, j'enfile mes pataugas pour faire une longue promenade avec les copines et copains d'un club de marche.

J'entame une seconde existence.

Je vis !

Angélique

Gérant d'une petite agence bancaire en banlieue bruxelloise. Il travaille seul, ce qui pose un problème à double titre. Son revenu professionnel ne lui permet pas d'engager un employé. Il lui coûterait le salaire, mais également les lois sociales, assurances etc. En outre, la seule possibilité serait un travail à mi-temps, mais malléable. Ce n'est pas tous les jours qu'il y aurait de quoi justifier son appointement.

D'autre part, il est des jours où l'administratif s'accumule. Ranger les dossiers, créer des fardes suspendues pour les nouveaux clients, s'occuper de la correspondance avec le siège social de la banque ou avec la clientèle.

L'idéal ? Il se présentera un lundi matin. Une petite jeune fille. "Je suis étudiante en philo-romane à l'Université de Bruxelles. Je cherche un job d'étudiante pour payer mes études et mon loyer. Vous ne cherchez pas une stagiaire ?" "Venez cette après-midi". Il la réserve à des rendez-vous. "Quatorze heures, cela vous irait ? On parlera." Elle s'en vient à l'heure prévue. Des yeux bleus pétillants de gaieté. "Je m'appelle Angélique. Je peux vous tutoyer ?" Elle lui raconte sa vie, ses études. Sa famille, catholique, dont elle a été séparée, l'obligeant à chercher des petits boulots pour vivre ou au minimum survivre. "Pourquoi être virée de ta famille?" Il ne le saura que plus tard. Elle est en troisième année de philo-romane, intelligente, tape à la machine à écrire à dix doigts, est raisonnablement bilingue et, corollaire à ses études, aime l'ordre et le rangement. La perle ! Elle ne peut venir que le mardi, les cours de ce jour-là ne l'intéressant pas.

- Bon, tu commences demain. sois-là à neuf heures
- Tu n'as pas envie de venir me chercher si mon kot est sur ta route ?

Bon. Pas de problèmes. Lendemain matin, il a une passagère pour la dernière étape depuis son domicile en province. Accompagnée de son sac de tartines et d'une bouteille de coca pour son repas de midi. Jeans, baskets et sweat-shirt à capuche. Arrivée à l'agence. Il lui explique le travail. "Mais c'est le bordel, chez toi !"

Elle se met rapidement au travail. Travail de rangement et accueil au guichet lorsqu'il est en discussion avec un client dans son bureau. Clientes et chalands ravis de découvrir une nouvelle tête. Lors du repas pris ensemble avec nos tartines respectives, elle parle, parle. Ses voyages de vacances, l'île d'Oléron, Rome, la Toscane, Forcalquier et Manosque.

Dans sa tête se fredonnent des paroles de la chanson de Gilbert Bécaud, "*Désirée, oh, Désirée*
Dans le cœur t'as le spleen de ta génération. Désirée, oh, Désirée, t'as le corps en blue-jeans et les rêves en jupons".
Elle lui devient rapidement une collaboratrice devenue indispensable. Pour sa présence et l'aide professionnelle. Leurs repas pris ensemble marient discussions évoquant tout autant la littérature que la politique ou le travail professionnel.
- Tu as rangé les documents de tel client dans sa farde ?
- Oui, et toi, la demande de crédit d'investissement d'hier est bien passée ?
Un mardi matin, dans la voiture,
  - Martin, je ne pourrai venir mardi prochain
- Pourquoi ?
- Je serai à l'hôpital pour une IVG
Oups !

Elle lui raconte. Soirée estudiantine arrosée, un étudiant d'une autre faculté l'invite à terminer la soirée chez lui, qu'elle accepte dans un état de semi-ébriété, lui sert à boire en lui suggérant d'essayer du cannabis.

Elle rentrera chez ses parents le lendemain matin. Un mois plus tard, verdict du gynécologue : début de grossesse. Qu'elle dira à ses parents en espérant leur aide. "là, je l'ai eu dans le c... ! Ils sont catho, mes parents. " Ils m'ont donné deux heures pour faire mes bagages et quitter la maison. Heureusement que c'était l'été. J'ai dormi sur le banc d'un parc public. Puis je me suis trouvé la piaule que tu connais et trouvé des petits jobs. La semaine prochaine, je passe sur le billard mardi. Je suis à la limite de pouvoir me débarrasser de ce mouflet dont je ne connais même pas le père".

Il lui a rendu visite à l'hôpital, prétextant pour son épouse un rendez-vous avec un nouveau client. En écoutant en boucle dans la voiture "Louise", de Berliner. "*Un soir d'hiver, sous la charpente, dans son lit, elle a tué l'amour tout au fond de son ventre, par une aiguille à tricoter*".

L'intervention s'était bien déroulée. Angélique était fatiguée et semblait triste. "*Peut-être n'aurais-pas dû*". Après un quart d'heure, "*Bon, je m'en vais. Repose-toi. Je reviendrai te voir*".
Il ne l'a plus revue. A sa visite une semaine plus tard, elle était déjà partie.
Elle avait eu du mal à trouver un médecin acceptant de pratiquer l'IVG. Chez encore plus d'un médecin, surtout lorsqu'ils sont adeptes de la religion chrétienne, l'IVG sent le souffre. "*Il n'y que Dieu qui donne et reprend la vie*". Il n'y a même pas un siècle, avorter était passible de la peine capitale.

Marguerite

Je suis sur ma chaise, dans le parloir du home du service social de Schaerbeek, en banlieue bruxelloise. J'attends l'une ou l'autre visite que je n'aurai pas. Certainement pas mon fils, que je ne vois plus depuis bien longtemps. Je ne sais même pas où il habite, s'il est marié, s'il a des enfants. Je ne sais même pas s'il vit encore ou s'il est parti chez le Bon Dieu. Peut-être la visite du curé de la paroisse ? Il vient de temps à autre nous dire bonjour. Il est gentil. Mais il est parfois difficile de le comprendre :

c'est un polonais. L'infirmière m'a dit qu'on ne trouvait plus de prêtres en Belgique. Que l'Eglise en faisait venir d'ailleurs. Même le pape est polonais. Je me demande parfois si ce n'est pas un communiste.

Hier, le home a fait une petite fête pour mon anniversaire. J'ai nonante cinq ans. C'était bien ! On a eu droit à du vin mousseux pour l'apéritif, un verre de vin en mangeant. C'était du lapin aux pruneaux. J'aime bien. Il y a longtemps que je n'en avais plus mangé. Puis des animateurs sont venus. Des gens qui faisaient le pitre. Puis un groupe de jeunes qui ont chanté des chansons de notre époque. On les accompagnait en tentant de retrouver les paroles de la chanson. A nos âges, on perd parfois la mémoire !

Il est une chanson qui m'a fait penser au passé, "boum, quand notre cœur fait boum". C'était juste avant la guerre. On ne savait pas que les boches allaient revenir. Mes parents me parlaient souvent de la guerre précédente, croyant que cela ne reviendrait plus.
J'avais dix-huit ans. Pour mon anniversaire, mes parents m'avaient offert une soirée au bal de la paroisse, où l'on irait en famille. Je me retrouve dans la rangée des jeunes filles à inviter pour une danse, mes parents à leur table, le verre de gueuze devant eux. Papa se roule une cigarette en me surveillant.

L'animateur de la soirée, le curé de la paroisse, tourne la manivelle du gramophone, y met la plaque noire. Un tango de Rodolfo Biagi. Un jeune homme vient vers moi. "Mademoiselle, m'accorderez-vous cette danse ?" Il est bien habillé, propre, l'air avenant.

Le point final mis au tango, Monsieur le Curé remplace la plaque noire du gramophone par une autre, un tour de manivelle, et la chanson d'un jeune chanteur, un certain Charles Trenet. Une chanson entraînante. Le jeune homme revient,

"Mademoiselle ..." "Oui, Monsieur". Et nous voici dansant comme des singes en riant. "Boum, quand notre cœur fait Boum, tout avec lui dit Boum, et c'est l'amour qui s'éveille."

- Je m'appelle Alphonse. Et vous, mademoiselle ?

- Marguerite

- Vos parents sont là ? Je voudrais faire leur connaissance.

Dix minutes plus tard, "Monsieur, me permettez-vous de revoir votre fille ?"

Ma mère à mon père, *in petto*, "il a l'air bien ce garçon !"

Un mois plus tard, "Monsieur, j'ai l'honneur de vous demander la main de votre fille". Mariage. Que je vis comme dans un rêve. Voyage de noces à Blankenberge. Alphonse travaille comme vendeur d'assurances en porte à porte. Cela ne rapporte pas beaucoup, mais nous permet de vivre. Notre fils Louis voit le jour un an après le mariage. On espère que ce sera l'aîné d'une famille nombreuse. Ce qui ne sera pas le cas et mon Alphonse ne verra pas longtemps Louis : en traversant la rue, un matin, il se fait écraser par une voiture qui sans vergogne ne s'arrête pas.

Je n'ai aucune ressource. Nos maigres économies sont parties dans les frais de funérailles. Education de Louis, en gagnant ma vie par des petits boulots de femme de ménage. Devenu adulte, Louis décide de partir vivre seul, "mais je reviendrai te voir".

Je ne l'ai plus revu.

Ah, ma bonne dame, la vie n'est pas toujours un cadeau.

Demain, j'irai au Nopri m'acheter des chocolats.

Murielle

Tout le monde n'a pas eu des fées se penchant sur leur berceau. Les fées semblant du reste préférer les bébés mâles aux nourrissons femelles. Elle vit une jeunesse tranquille, avec ses parents, sa sœur et son frère. Comme toutes les filles, elle adore son père, qui s'en va dans les coulisses de l'éternité il y a trois ans, victime d'une attaque cérébrale. Il était un peu le complice de Murielle dans ses calembredaines. Il aimait la vie, faire bonne chère, boire son canon. Chanter, raconter des balivernes, rire, vivre à du 100 à l'heure. Se souciant peu de son tour de taille, du taux de cholestérol ou de l'hypertension. Lorsque Murielle a loué une chambre pour y vivre seule et détachée de la famille, il ne manquait jamais de venir lui apporter du pain chaud le dimanche matin et de prendre le petit déjeuner avec sa fille. Murielle y pense souvent, avec nostalgie. le beurre qui se ramollit en s'étalant sur la mie du pain encore tiède, l'odeur du café noir, le regard pétillant de son père. Des perles de bonheur en tiroir de souvenirs.

Sa mère attend de rejoindre son mari, dans un studio quelque part en Bulgarie. Elle y est entourée par ses enfants, la sœur et le frère de Murielle, habitant à proximité.
Murielle, quant à elle, a opté pour une vie en France, dans une cité provinciale au cœur de la Bourgogne. Elle y retrouve Tanguy, qu'elle avait déjà rencontré près d'une dizaine d'années plus tôt, au lycée. Le coup de foudre. Tanguy est un brillant commercial dans le domaine de l'automobile, Murielle est employée dans une multinationale. "Le courant" passe entre eux.
Mariage.

Après quelques mois, le ventre de Murielle s'arrondit.
Petit à petit, Tanguy évite les relations sexuelles, prétextant que cela peut nuire au fœtus. Parallèlement, son mari semble avoir du travail de façon croissante. Souvent des rendez-vous vespéraux. Parfois, parce qu'il dit devoir se rendre en province, des nuits dans un hôtel local. Murielle, naïve, garde confiance. Elle ne se méfie pas. Même pas si le boulot de son mari n'arrondit pas le solde du compte bancaire. Ni lorsqu'elle se rend compte un jour qu'il a vidé son propre compte-courant en lui soustrayant sa carte bleue.

Un soir,

- Murielle, c'est Jean-Claude. Je peux monter ?

- Oui. Tu connais le chemin.

Jean-Claude. Célibataire endurci, quelque peu bambocheur, pigiste journalistique pour un journal local et client noctambule des bars du coin. Un ami de longue date.

- Prépare les verres. J'ai amené un Julienas. J'ai quelque chose à te dire.

Quelque peu inquiète, Murielle prend les verres, remplit une coupelle de chips, s'assied. Jean-Claude prend son temps. Il ne sait par où commencer, ni comment le dire. "Bon. Ce ne sont pas mes affaires, mais j'ai tellement d'amitié pour toi que je ne veux pas te le cacher."

- J'ai beaucoup d'affection pour toi, Murielle. Tu le sais. Et je sais aussi le courage que tu as eu au décès de ton père. Mais il avait fait son temps. En revanche, la perte de ton enfant, dont je sais que tu as énormément souffert, t'a toujours montrée sereine et souriante pour les autres. Là je t'admire. Je savais que tu souffrais énormément. L'accouchement par césarienne, les problèmes de santé du petit, puis son décès. Mais pour dire ce que je résous à te dire, s'il est une chose que je ne peux supporter, c'est l'hypocrisie. J'ai trop d'affection pour toi que pour te laisser dans l'incertitude.

- Mais encore ? Mais parle, quoi !

- Bon. Accroche-toi. Tu sais que j'ai énormément d'amitié pour toi.

- Arrête ton bla-bla et lâche le morceau. Merde, quoi !

- Bon. Tu sais que je fréquente souvent les bars le soir. J'y rencontre fréquemment ton mari, en compagnie d'une jeune femme blonde, plus ou moins vingt ans. Toujours habillée à la mode. Qu'il présente aux autres pochtrons des bars comme étant sa femme.

- Attends, j'ai la tête qui me tourne, là. Laisse-moi une minute que je reprenne mes esprits.

Murielle se remplit un grand verre de vin qu'elle vide en cul-sec. "Tu n'as pas une cigarette ?" Puis, doucement, elle reprend ses esprits.

- Il me disait qu'il rentrait tard parce qu'il travaillait pour un industriel sud-africain comme chauffeur et qu'il le conduisait dans des boîtes de nuit. Le salaud ! Tu as les coordonnées de cette pétasse ?

- Oui et non. J'ignore son nom de famille, mais son prénom est Béatrice. Elle travaille au centre d'accueil d'un hypermarché du coin, mais je ne sais pas lequel.

- Je la trouverai !

Le lendemain, Murielle se met en chasse. "Vous avez une Béatrice dans votre centre d'accueil ? Non ? Merci et pardon de vous avoir dérangé". En fin de compte, "Centre d'accueil bonjour. Je m'appelle Béatrice. En quoi puis-je vous aider ?" La conversation tourne vite au vinaigre. "Tanguy est devenu mon mari dans mon cœur et le sien. Il n'est plus le tien, imbécile. C'est avec moi qu'il dort la plupart du temps, c'est avec moi qu'il baise".

Le soir, SMS au GSM de Tanguy. "Tanguy, j'ai eu ta maîtresse Béatrice au téléphone. Demain, tes vêtements t'attendront sur le palier. Ne cherche pas à rentrer, j'ai fait changer les serrures".

Grâce à l'aide de son entourage, de ses amies et amis, Murielle a pu vaille que vaille reprendre une vie normale.

Mais, comme beaucoup de femmes trahies par leur mari ou leur compagnon, la blessure existera toujours.

De même que la perte d'un enfant.

Soizic

Soizic. Un prénom breton. Normal : Mon père est marin pêcheur à Saint-Guénolé et ramène chaque matin, après une nuit passée en mer, "des poissons ruisselants" comme le chante Jacques Brel. Ma mère vend les produits de la pêche invendus à la criée matinale dans l'ancien garage de la maison familiale transformée en boutique.

Ma mère, fort catholique sinon bigote, multipliait les statues de la Vierge et les images pieuses entre les cageots de sardines, turbots et raies, petits cabillauds ou tourteaux lymphatiques bougeant mollement leurs pinces.

Il ne se passait pas un soir qu'une fois le repas ingéré, le père parti à la pêche dans le ronflement de moteur du bateau, nous réunisse, mes trois frères et mes deux sœurs, pour réciter la prière à Sainte-Anne. "Bonne sainte Anne, toi qui aux premières heures de notre histoire as exaucé la prière fervente des marins bretons en péril, pose encore sur nous ton regard de bonté." S'ensuivait généralement le "Notre père", récité en breton, notre langue qu'on nous interdisait de parler à l'école. "Hon Tad, hag a zo en Neñv, hoc'h anv bezet santelaet, ho rouantelezh deuet deomp, ho polontez bezet graet war an douar evel en Neñv."

Lorsque j'étais petite gamine, souvent je m'endormais sur mon avant-bras posé sur la table. Devenue jeune adolescente, atteinte comme toute jeune adolescente d'une ferveur mystique, j'allais prier à l'église de Penmarch, "la ville", devant la statue de Saint-Guénolé. "Saint Guénolé, patron des pêcheurs, protégez mon père, qu'il rentre sain et sauf !"

Jeudi 15 octobre 1987, j'ai quatorze ans. Après les prières habituelles, on écoute la météo. Une petite tempête se prépare. Papa en a vu d'autres.
A minuit, je suis réveillée en sursaut. La tempête fait rage. Loin des prévisions d'une météo parfois capricieuse. Le vent hurle. J'ai appris par la suite qu'il avait dépassé largement les cent kilomètres heures. J'ai peur. Maman entre dans ma chambre. "Viens vite avec tes frères et sœurs prier à l'église. Papa est en danger". On court autant que faire se peut vers l'église. Il y a de la lumière. L'église est bondée de femmes de marins qui craignent pour leur mari. Soudain, comme si cela ne venait pas de moi, dans ma tête, "Sainte Anne, si Papa revient demain matin, je me fais religieuse".

Le lendemain matin, c'est un papa tout rigolard qui s'en revient, trempé comme une soupe. "Oh, la femme, les enfants, j'en ai bavé, cette nuit. Mais la pêche a été bonne, très bonne. Allez, je me prends un verre de chouchen et je m'en vais dormir."

J'avais ma promesse pour Sainte-Anne à respecter. J'ai terminé mes études secondaires. Suivies de trois ans à la faculté théologique de Vannes. Noviciat dans un monastère de bénédictines du Finistère. J'entre en religion sous le pseudonyme de "sœur Anne de la Sainte Face".

Ridicule !

Mais bon, j'ai tenu ma promesse, et ma formation me fait destiner à la bibliothèque du monastère. Quand bien même je doute de façon croissante du bien-fondé de l'organisation de l'Eglise. Au niveau très prosaïque, le carnaval des rites religieux dans l'église du monastère, de l'aube au coucher du soleil, m'ennuient profondément. Elles ne vivent pas, ces femmes ! Elles se dessèchent. Elles prient un dieu qui n'existe peut-être pas. Servent-elles à quelque chose ?

La nuit, j'entends souvent des pas dans le couloir : Sœur Marie du Sacré Cœur s'en va rejoindre Sœur Marie-Thérèse de l'Immaculée Conception dans sa cellule. Ce qui me fait penser à ce que j'ai un jour lu dans la gazette : une nonne belge, célèbre pour ses chansonnettes, avait quitté le couvent pour vivre en concubinage avec une autre religieuse. L'article parlait de leur dernière manière de partager leur amour : le suicide conjoint.

Moi, j'ai envie d'être utile. Rencontrer quelqu'un de bien. Après tout, je ne suis pas un laideron, j'ai vingt-cinq ans, je peux rendre un homme heureux. Lui faire des enfants qui travailleront pour changer la société.

Un dimanche après-midi, lors de notre permission hebdomadaire de rire, se parler, regarder la TV, une émission de variétés sur le petit écran. Avec un invité, jeune chanteur, Alain Bashung, et sa chanson "Osez, Joséphine".

Déclic.

Je vais oser.

- Ma mère, je pars demain. Donnez-moi le prix du ticket de train pour retourner chez moi !

- Mais, ma fille, et vos vœux ?

- Effacés. Je pars demain.

Depuis, je me suis mariée ... avec un jeune marin pêcheur qui est devenu l'associé de mon père. Tôt matin, au lieu de me rendre à l'église pour les laudes, je prépare le café et la table du petit déjeuner en attendant le retour de mon homme. Puis il ira dormir et je partirai pour Concarneau où j'ai trouvé un emploi comme professeur d'histoire.

Je suis enceinte.

Je vis ma vie.

 La vraie !

Nonobstant ce qui vient de sortir de mon clavier, directement inspiré par l'interview d'une religieuse ayant quitté les ordres, il importe de ne pas en faire une généralité. Lorsque l'on voit des Sœur Emmanuelle ou Teresa, celles qui ont repris leur succession, les religieuses s'occupant d'enfants, de personnes âgées ou malades, on ne peut que céder à l'admiration. Quand bien même elles sacrifient leur vie au nom d'un dieu hypothétique, il n'empêche que leur travail objectivement humain est exceptionnel dans un monde devenu hyper-matérialiste.

Louise

Ce chapitre n'est pas une fiction ou semi-fiction. Il est entièrement inspiré de la vie de ma grand-mère.

Louise, épouse Fierens. Son patronyme, de Condé. Faisant la gorge chaude à certains de ses enfants. En fait, une ancêtre de Louise avait du être domestique dans l'une des résidences de la famille princière, et surnommée "celle de Condé". D'où le patronyme à l'époque où les registres de l'Etat civil en étaient encore à leurs balbutiements. Il ne faut pas perdre de vue qu'ils n'existaient pas avant la révolution française : auparavant, les naissances, mariages et décès n'étaient couchés que dans les registres paroissiaux.

A propos du patronyme ou du pseudonyme, une anecdote relativement méconnue. Fernand Contandin, jeune acteur, courtise une jeune fille de la ville, Marseille. Lorsqu'il vient à la maison de ses futurs beaux-parents les dimanches après-midi, le père de la promise ne peut s'empêcher de dire "Té, v'là le Fernand d'elle". Il est devenu Fernandel.

Louise rencontre son futur mari, Théophile, peu avant la guerre 14/18. Lors d'un bal organisé par la paroisse ? Nul ne le sait. Mais l'un comme l'autre étant profondément croyants et pratiquants. Toujours est-il qu'ils se retrouvent mariés lorsqu'éclate la première guerre mondiale.

Le régiment vélocipédique de Théophile est rapidement fait prisonnier par les casques à pointe. Cantonné dans un camp de prisonniers de guerre quelque part en pays batave. Il y dessine ce qu'il voit de la lucarne de sa cellule. C'était un artiste, mon grand-père ! Peintre et sculpteur, sorti d'une école artistique .
La guerre terminée, il trouve du boulot comme ouvrier brodeur d'or. Il y piétine et s'y ennuie. Léontine le pousse à chercher autre chose à faire de sa vie. Un jour, après la messe du dimanche,
- Théophile, Louise m'a dit que tu cherchais du boulot. J'ai quelque chose à te proposer.

- Dites-moi, Monsieur le Curé.

  – L'entrepreneur des pompes funèbres de notre Paroisse de Saint-Josse, qui est établi rue de l'Artichaut, remet ses affaires. Cela t'intéresse ? Tu pourrais travailler le bois et gagner ta vie : j'en ai parlé à Adolphe, il serait d'accord et t'apprendrait le métier. Tous les paroissiennes et paroissiens de ma paroisse passeraient par toi lorsqu'ils viendraient à décéder.

  –

Louise devient l'épouse d'un entrepreneur en pompes funèbres. En lui faisant au passage six enfants. Trois garçons, trois filles. L'une d'elle, à l'adolescence, fait une chute dans l'escalier dont elle dévale les marches un peu trop vite. Il s'ensuivra une fêlure de la boîte crânienne et une hospitalisation à vie dans un hôpital psychiatrique. Années de vaches maigres, années de vaches grasses. Sapin ou chêne, scie Saint-Joseph, varlope et rabot. Chaque soir, Théophile lui raconte sa journée. Un jour un cercueil de chêne à l'intérieur molletonné pour donner à la riche dépouille un sommeil éternel plus confortable. Pour un autre, une boîte en sapin dénuée de garnitures. Sinon un suicidé par pendaison dont couper la corde sans le laisser tomber.

Grand fumeur de pipe et aimant lever le coude, Théophile est atteint d'artériosclérose, ce qui l'oblige à arrêter ses activités. Il confiera la poursuite de son entreprise à son fils pour décéder à la septantaine.

Louise, malgré la tristesse, trouve son réconfort dans ses rapports avec ses enfants et petits-enfants. Excellente couturière, elle passe ses journées à réaliser des habits sacerdotaux pour Louis, son fils prêtre. Percluse de rhumatisme, elle doit néanmoins se résoudre à passer les dernières années de sa vie dans une maison de retraite. Où elle garde toutefois son enthousiasme et sa joie de vivre. Rendant visite à "ses vieilles" comme elle disait - même souvent plus jeunes qu'elle - malades ou traversant une période de cafard. Elle organise des petites réunions avec les autres pensionnaires, leur lisant les articles et petits romans de sa revue préférée, "Bonne soirée". Leur apprend comment descendre l'escalier en marche arrière pour annihiler les effets du vertige.

Elle s'éteindra, comme meurt la flamme d'une bougie, à ses nonante ans. Pour une éternité aléatoire à laquelle elle croyait, mais un souvenir tenace pour tous ceux qu'elle avait côtoyés durant sa vie.

Marie

Curieux personnage, Marie. Elle voit le jour en 1944. L'occupant allemand tient toujours le pays sous sa barbarie.

Les parents de Marie veulent l'inscrire à l'Etat-civil sous le prénom "Mary". Refus de l'administration communale sous obédience germanique : consonance trop anglophile. De ce fait, même si elle devient Mary pour la famille et son entourage, elle reste officiellement Marie. Le nom et prénom d'une personne inscrits aux registres de l'Etat civil est réputé imprescriptible et inaliénable.

Jeunesse et adolescence faites de frasques et de jours marqués d'une pierre blanche. Marie devient une jeune fille fort jolie, passionnée et passionnante. Elle plaît aux jeunes gens qui le lui rendent bien. Quelque peu instable, toutefois. Passant rapidement d'un petit ami à un autre, insatiable. Brossant les cours du soir en secrétariat auxquels l'avaient inscrite ses parents pour se rendre dans la chambre d'étudiant de l'un de ses condisciples. Démarche devenue courante actuellement avec l'évolution des mœurs, mais hors normes à l'époque : la jeune fille devait offrir sa virginité à son époux le soir du mariage.

Première rencontre d'un jeune homme laissant présager des épousailles. Dont Mary se lasse rapidement au profit d'une amourette de passage.

Elle rencontre son futur premier mari. Personnage quelque peu falot, insignifiant. Mary découvre la famille de son fiancé. Un père mou dirigé par une femme autoritaire quelque peu encline à la boisson. Une jeune sœur ressemblant à une ombre.

Le fiancé s'en va remplir ses obligations militaires dans un régiment cantonné en Allemagne. Durant son absence, Mary le trompe allègrement avec divers amants de passage. Mariage. Il tient le temps de faire deux enfants. Divorce, et second mariage. Le nouveau mari adopte les enfants du couple précédent et fait changer leur patronyme.

Un dimanche baigné de soleil, le couple s'en va à la journée "portes-ouvertes" de la colonie de vacances où séjournent les enfants. Au retour, accident de voiture. Si Mary s'en sort indemne, il n'en est pas pareil pour son conjoint qui se retrouve à l'hôpital, momifié dans une gangue de plâtre. Ce qui n'empêchera pas Mary de faire connaissance d'une nouvelle relation, cadre dans un ministère, dont elle aura un enfant. Son époux, sorti de l'hôpital, ne semblant pas s'en étonner. Mary restera fidèle à son nouvel amant durant plus de quarante ans, contre vents et marées. Nouveau divorce, et troisième mari, cantonnier dans un petit village ardennais. Il décèdera rapidement d'une maladie de cœur.

Tant qu'à faire, après quelques nouvelles aventures amoureuses, Mary et son vieil amant se glisseront la bague au doigt. A la septantaine.
Une vie, inspirée de faits réels, inspirant plus de mansuétude que de critiques. Une telle existence pouvant sembler immorale aux âmes bien pensantes n'est-elle pas un palliatif à un sentiment de profonde solitude ?

Jocaste

Tout un chacun connaît le récit mythologique grec de Jocaste qui, après avoir vécu avec son mari Laïos, épousa son propre fils, Œdipe. Dans l'ignorance du lien parental qui les unissait : ils ne s'étaient plus vus depuis de nombreuses années.

Cette légende a donné naissance au syndrome psychologique communément appelé le "complexe d'Œdipe". Relativement fréquent, il consiste en une relation entre une mère et son fils, sorte d'inceste psychologique, parfois fort proche du charnel, dans lequel les deux personnes concernées ne peuvent s'épanouir sans la présence de l'autre. Création curieuse d'une sorte de couple, dans une relation "dominant-dominé" interchangeable selon les circonstances de la vie.

Elle s'appelle Orianne. Dix sept ans, petit visage mutin, mignonne comme un matin de printemps. Ce qu'elle ignore lorsqu'elle quitte la maison familiale dans une banlieue bruxelloise proche de l'Université, pour se rendre au collège où elle poursuit ses études, est que deux étudiants sont à leur fenêtre, dans le kot d'en face, qui la regardent.

- A draguer, tu ne trouves pas ?
- Toi. Moi, je suis servi. J'ai Jocelyne. De plus, ma 2CV pourrie par rapport à ta VW rutilante payée par Papa !
Drague. Classique. Orianne est séduite par le charme de Jean-Philippe, son intelligence, ses études en faculté de médecine qu'il poursuit nonchalamment. Orianne lui remonte fréquemment les bretelles : Cupidon est passé par là, et elle n'imagine pas son avenir sans son Jean-Philippe qui, elle en est persuadée, acquerra un nombre de patients lui permettant de bien gagner sa vie . Amour et Argent commencent par la même voyelle.

Quant à elle, c'est la littérature qui l'intéresse. Elle va bientôt terminer le cycle secondaire et entrera en philo-romane.

Entre Orianne et Jean-Philippe, l'amourette passagère se transforme en amour profond, se développe comme s'ouvre une tulipe au printemps. Quelques discordances entre les familles réciproques, dont ils n'ont cure. A juste titre : c'est leur jeune couple qui compte.

Mariage après le service militaire de Jean-Philippe comme officier. Mariage quelque part sous le boisseau. Jocelyne et Olivier - le colocataire du kot d'étudiants - sont témoins. Quelques amis semblant des mouches perdues dans la grande salle de la Maison communale. Pas de parents : ils ne voulaient pas se rencontrer et ont signé l'accord pour le mariage devant notaire. Orianne et Jean-Philippe n'avaient pas 25 ans, et il fallait à l'époque que les parents acceptent leur consentement à l'union maritale sur un acte notarié.

Le ventre d'Orianne ne tarde pas à s'arrondir. Un an après les noces, premiers braillements d'un enfant déclaré mâle par le médecin de la maternité, Olivier. Il se révèle vite un petit bonhomme volontaire, n'appréciant pas les caresses qu'une maman prodigue à son enfant. Son père ne s'en désole nullement, voulant en faire "un homme".

Entretemps, Jean-Philippe a ouvert son cabinet. Sa compétence accompagnée d'un relationnel humain, malheureusement de moins en moins fréquent dans le monde médical, remplit rapidement son agenda de rendez-vous. Orianne est à ses côtés, ses études faisant d'elle une secrétaire médicale hors pair, s'occupant des rendez-vous, du courrier, de la comptabilité.

Deux ans se passent. Orianne accouche d'un second enfant. A nouveau un garçon, alors qu'elle espérait une fille. Les parents le prénomment Dominique, prénom sexuellement ambigu. A l'inverse de son frère aîné, il aime se faire cajoler. Il grandira dans une sorte de bisexualité, également reflété dans ses paroles. Son frère dira "ben merde alors, je me suis gouré !" Alors qu'il déclarera "au temps pour moi". Ou "j'ai pigé" traduit en "j'entends bien". Olivier aime les bleus de travail pour travailler au jardin, Dominique privilégie les vêtements de marque.

Il se crée une dualité quelque peu étonnante. Le duo "masculin" Jean-Philippe et son fils Olivier, Orianne et Dominique en duo "féminin".

Un soir de début de printemps, Jean-Philippe emmène Olivier dans un hypermarché de bricolage pour acheter pour y acheter l'un ou l'autre outil. Accident au retour. Ils y perdent la vie.

Devant leurs dépouilles, Dominique dira à sa mère "maintenant, nous sommes à nous deux".

Orianne tentera de refaire sa vie avec un nouveau compagnon, pour reprendre goût à la vie. Ce qui ne plaît guère à son fils, persuadé qu'il était d'avoir enfin sa mère rien que pour lui. Ce qui le conduira à l'alcoolisme, la recherche incessante de conquêtes féminines, un mal-être total, funambule sur le fil reliant la vie au suicide.

"Ine"

"Ine" comme Aline et Séverine. Egalement comme "gouine".

Cela fait trois ans que nous vivons ensemble, Aline et moi. En couple de cohabitation légale, entériné par un acte notarié.

On se connaissait depuis longtemps, travaillant dans le même bureau. Elle m'avait toujours attirée. Pour sa gentillesse, son amitié lorsque l'on se retrouvait à la cantine à l'heure de table. Son regard direct, semblant me disséquer le cerveau. On se parlait de nos familles respectives. Elle, trente cinq ans, deux enfants, mari chercheur d'université. Moi, trente ans, une fille de trois ans, mon mari Jean-Pierre comptable chez un concessionnaire d'une marque de voiture appréciée.

Hasard de la vie ? Je ne croyais pas aux hasards. Maintenant, je doute.

Un midi,

- Séverine, Michel est parti une semaine au Mali pour son job. Tu n'as pas envie de passer la soirée chez moi ?

- C'est curieux, cela tombe bien : Jean-Pierre est également absent. Il est parti trois ou quatre jours rendre visite à ses parents en province : son père s'est chopé un AVC et il est parti aux nouvelles.

- Bon, dix-neuf heures ? Des coquilles Saint-Jacques, cela te va ?

- Oui, j'adore ! Mais il ne faut pas te décarcasser pour la bouffe ! Ce sera sympa de se passer une soirée entre célibataires de circonstance.

Dix-huit heures. Je prends ma douche. Impression curieuse : je n'arrête pas de penser à la soirée qui se prépare. Gwenaëlle est partie dormir chez sa mamy. Le visage d'Aline n'arrête pas de quitter ma pensée, malgré que je devrais songer à Jean-Pierre et à mon beau-père.

Sur le trajet d'un quart d'heure pour arriver chez elle, je roule distraitement. Echappant de justesse à une rencontre entre mon pare-chocs et une personne malvoyante traversant la rue sans regarder. Humour stupide et méchant que je regrette rapidement.

Aline. Cela sent délicieusement bon dans son appartement. L'ail, l'échalote, les herbes de Provence, les coquilles Saint-Jacques qui attendent de frémir dans l'huile d'olive. Bisous. "Je te sers l'apéro ?" "Si tu as du whisky, je suis partante. Je peux fumer ?"
Je suis dans une impression bizarre. A la fois mal à l'aise et heureuse de passer la soirée avec Aline. Le repas se révèle délicieux. L'Hermitage en fraîcheur idéale se glougloute en couleur de soleil estival.

La table débarrassée, direction les fauteuils du salon. On se parle, on rit, on se raconte nos histoires de tous les jours. La radio diffuse machinalement ses chansons. "Et maintenant, le groupe Mecano avec sa chanson 'une femme avec une femme'"

"Oups, j'aime bien ça. On danse ?"

Je tangue. Avec elle et dans ma tête. Elle sent bon. Ses lèvres qui caressent les miennes sentent le rouge Chanel.

Qu'est-ce qui se passe ? J'ai l'impression d'être sur un fil au-dessus d'un gouffre.

- Reste dormir ici : il se fait tard et demain le bureau est fermé.

- Si tu le proposes si gentiment. Mais je n'ai rien prévu pour la nuit !

- Bah, ne te fais pas de soucis. Tu dormiras avec moi et tu n'auras pas froid.

Cette nuit-là, notre amitié se transformait en amour.

Bien sûr, il nous a fallu surmonter bien des difficultés pour pouvoir enfin vivre en couple. Tout d'abord, "l'avouer" à nos époux. Intelligents l'un comme l'autre, ils ont fini par accepter l'idée que deux femmes, comme deux hommes, peuvent s'aimer et vouloir vivre ensemble.

Il y a eu des problèmes au niveau des divorces, nos maris tentant de nous éloigner de nos enfants pour "raisons morales". En vain : en Occident, l'homosexualité n'est plus considérée comme une tare ou un problème psychiatrique. Quant aux enfants ? Tant ceux d'Aline que ma Gwenaëlle considèrent qu'ils ont deux mamans et semblent heureux de se retrouver chez nous.

Chez nous ? Après avoir cédé nos droits sur nos anciens domiciles conjugaux, nous nous sommes trouvé un studio au cœur de la ville.

Bien sûr, il nous faut assumer les quolibets et plaisanteries douteuses de nos collègues. Mais nous savions que c'était le prix à payer. Quelque part, une quasi solitude à deux.

C'est le prix à payer pour être heureuses, en étant nous-mêmes.

Huguette

Je m'appelle Huguette. Dans le quartier, on m'appelle la grosse de l'épicerie. Je le sais entre autre parce qu'un matin, au moment d'ouvrir le magasin, j'ai entendu quelqu'un, derrière la porte, dire "merde, elle n'a encore ouvert sa boutique, la grosse".

Il est vrai qu'à quarante ans, un mètre soixante cinq, cent trente cinq kilos sur la balance ne fait plus de moi ce que l'on appelle poliment une "femme enveloppée", mais une obèse. Obscénité d'obésité. Je n'ose plus me regarder dans le miroir : mon ventre qui me tombe presque sur les cuisses, mes seins flasques qui pendouillent jusqu'au milieu du thorax, mes grosses cuisses que la cellulite fait ressembler à une peau d'orange ou à une plaine de combats ravagée par une bombe à fragmentation.

Moi qui aimait mijoter dans l'eau chaude d'un bain, ce plaisir m'est devenu interdit. La dernière fois que j'ai déposé mes fesses dans la baignoire, j'ai eu un mal de chien à en sortir. J'ai du vider l'eau avant de pouvoir péniblement m'extirper, mes rondeurs fessières restant coincées par les parois de la piscine en miniature.

Cela étant, j'étais une jeune fille fine et élégante lorsqu'au soir de notre mariage, mon mari m'a fait devenir femme. J'avais dix-huit ans, il en avait vingt. Tous deux sortis des études secondaires. Xavier ouvrier maçon, moi employée sous statut d'indépendante au service de la rédaction dans une petite maison d'édition d'un journal local.

Un jour, petite annonce dans la feuille de chou pour laquelle je travaille. "Petite maison à vendre. Quatre pièces. Au rez-de-chaussée, épicerie à reprendre". J'en parle à Xavier dès que l'on se retrouve devant notre assiette à faire tournicoter les spaghettis dans la cuiller à soupe.

L'idée lui plaît. "Et pour les sous ?" "Ne t'en fais pas. Je ferai le tour des banques".

Accord transmis à l'annonceur sous réserve d'acceptation d'un crédit bancaire. Que j'obtiens très rapidement. Deux cent cinquante mille euros pour la maison et le fonds de commerce ... !

Deux mois plus tard, nous nous y installons. Joseph, le vendeur, nous apprend le b.a.-ba de l'épicerie. Quelques travaux de rénovation à l'étage et à l'arrière de la boutique. Le bonheur s'invite. Sinon que ce qui me restera toujours sur le cœur : je ne sais pas devenir maman. Sinon, tandis que Xavier s'en va à son boulot, j'ouvre le magasin, reçoit les fournisseurs, aménage les comptoirs. La clientèle s'accroît, entraînant Xavier à poursuivre son travail à mi-temps, pour m'aider.

Un soir, les volets du magasin à peine fermés, "Huguette, j'ai rencontré quelqu'un, une jeune femme de vingt ans. Je vais vivre avec elle. Je suis désolé". Pleurer, se mettre en colère, se révolter ? A quoi bon. C'est le destin.
La procédure en divorce ne traîne pas. Le consentement mutuel y est pour beaucoup. Et je me retrouve seule.

Entre deux clients me vient l'habitude de grignoter. J'ai tout ce qu'il faut pour cela dans mes comptoirs. Une tranche de saucisson, une autre de jambon de Parme, quelques chips pour accompagner ou une boîte à conserves de cassoulet. Déboucher une bouteille de Campari ou de vin de muscat. Devant le petit écran, le soir, une bière forte avec des sucreries.
Je suis devenue obèse.
Et j'ai le mal de moi.

Mylène
Curieux, l'exhibitionnisme féminin. Plus rare du reste que le masculin : trois sur dix chez les hommes, une pour les femmes.

A ne pas confondre avec la nymphomanie, quand bien même les deux attitudes s'additionneraient.

Mylène a seize ans. Son corps s'est transformé de celui d'une gamine à celle d'une jeune femme. Des petits seins, un pilosité pubienne. Qu'elle veut dévoiler à tout un chacun, même des inconnus , Pour exhiber son corps, comme les exhibitionnistes masculins ? Non. Pour, dans la plupart des cas, se faire reconnaître en tant que femme.

Le soir, elle prend sa douche avant d'enfiler son pyjama molleton à motifs fleuris qui l'attend sur le lit. La peau comme seul vêtement en entrant dans sa chambre. Dehors, l'obscurité l'obligeant à allumer la lumière. La pièce est à front de rue. Mylène ne ferme pas ses rideaux : elle se sent chez elle. Elle sait qu'un fonctionnaire de ministère en retraite, dans la maison face à la sienne, la regarde. Ce qui ne la dérange guère. Le voyeurisme d'un vieux pervers décrépi la laissait indifférente.

Peut-on pour autant qualifier cela d'exhibitionnisme, dans le cadre des codes juridiques et de la société bien pensante ? Absolument pas. Simplement le fait d'être naturelle, de se sentir à l'aise dans son milieu familial protégé. Peut-être, sans émettre d'opinion d'un psychologue que je ne suis pas, se mettre en valeur à l'adolescence pour compenser les traumatismes d'une enfance et d'une adolescence où elle n'était considérée que comme une gamine. Ses parents, âgés, n'avaient pas pu avoir d'enfants qu'à la quarantaine.

Ou, plus simplement, ne pas se préoccuper du voyeurisme de vieux décrépis.
Mylène est devenue une jolie jeune fille. "Une fille à marier" comme le chantait Enrico Macias.
Epousailles, un enfant. Un garçon.

41

Adolescent, il amènera des copains à la maison. Qui a conservé l'envie d'être vue, admirée. Se sentant à l'aise - ou le paraissant - dans le groupe des ados, riant de leurs fadaises.

Pour simuler une jeunesse d'esprit qui s'est effiloché avec le temps ? Ou pour tenter d'échapper au rouleau compresseur du temps, d'un couple dont les anciennes rivières d'affection se sont fortement amenuisé avec la routine de la vie de tous les jours. Un mari qui s'intéresse davantage au jeu de son club de foot préféré qu'aux regards de son épouse ou de sa compagne, n'ayant comme sujet de conversation que ses journées au bureau ou l'automobile.

Solitude et nombre d'années ne se tiennent-ils pas la main ?

Jeanne et Amentine

La papesse Jeanne et Amentine Dupin, deux travesties dont le souvenir a traversé l'histoire.

Provocation ? Problème psychiatrique ? Transgression des codes sociétaux pour transmettre un message libertaire ? Les avis sont partagés, même dans leur propre pays.

Le travestissement, comportement consistant pour un homme à porter des vêtements féminins, pour une femme des habits masculins.

Bien sûr, ce problème frôlant le déséquilibre psychologique, ne concerne nullement les tendances depuis quelques décennies des vêtements unisexe. Gilbert Bécaud l'évoque dès 1960 dans sa chanson "âge tendre et tête de bois" : "*Elle s'habille comme lui d'un pantalon d'un blouson. Lorsqu'on les rencontre la nuit, on dirait deux garçons*".

Cela ne concerne pas non plus les "travestis de scène", du music-hall ou autres boîtes de nuit. Ni les bisexué(e)s.

Il s'agit plutôt de la difficulté de vivre pour une femme "vivant dans un corps d'homme" ou l'inverse. Nécessitant parfois une transformation physique courageuse, que ce soit pour l'intervention chirurgicale, l'acceptation de ne pouvoir faire le trajet inverse, la nécessité de poursuivre un traitement pharmaceutique tout au long de la vie. Démarche bien éloignée de toute tendance à la perversité comme le pensent encore certaines personnes.

Dans la galerie des travesti(e)s, acceptant ou non leur "statut", un personnage curieux : le chanteur autrichien Tom Neuwirth, mieux connu par son pseudonyme artistique, Conchita Wurst. Celle-là/celui-là qui remporta haut la main le concours Eurovision, à Copenhague, en mai 2014, avec sa chanson "*Rise like a Phoenix*". Victoire largement méritée du reste : voix magnifique, modulée, disciplinée.

En revanche, ce qui est interpellant chez elle/lui est une certaine ambiguïté dans son apparence. Avant d'entrer en scène, séance de maquillage, "*rimmel*" pour se faire des yeux de biche, rouge à lèvres, etc. Puis, enfilage d'une robe longue à paillettes. Point final, ... se coller une fausse barbe au menton. Ce qui ouvre la porte à beaucoup de questions. Quelque part, un reste de démonstration de sa masculinité "physique" ?
Ce qui n'empêche qu'après sa victoire à Copenhague, la littérature de presse avait pris le pli de ne le/la citer que sur un mode féminin. "La jeune chanteuse", "la charmante jeune femme", etc. Est-ce un bien, est-ce un mal ? La société actuelle est comme un chaudron de sorcière, dont personne ne peut prédire ce qu'il en sortira.
L'important étant l'espoir que Tom Neuwirth ait trouvé le bonheur.

L'erreur Ogino
Sources : Docteur Gaëlle Germalec-Levy - "Je ne suis pas enceinte", chez Stock

Ogino, gynécologue du siècle dernier. Il préconise une méthode contraceptive basée sur la période de fécondation féminine fermant la porte à toute activité sexuelle, sauf désir de faire un enfant.

Méthode aléatoire, entraînant des grossesses non désirées. Ce qui donne l'inspiration pour un chapitre traitant du déni de grossesse.

D'emblée, plusieurs origines au "déni de grossesse" : adolescente tombant enceinte à treize, quatorze ans ; oubli de la pilule ; conséquences d'un adultère ; grossesses rapprochées et absence de désir d'avoir un enfant supplémentaire ; agressions sexuelles n'ayant pas fait l'objet d'une plainte ; passion pour l'exercice de sa profession, etc.

Le déni de grossesse est un phénomène fort curieux, non encore totalement décrypté par les scientifiques. Lorsqu'il est "total", la femme peut très bien ne même pas se rendre compte qu'elle est enceinte. Aucun signe "traditionnel" comme la fatigue, les nausées, l'arrêt des règles, etc.

Souvent, le corps de la femme se transforme quelque peu, comme s'il sentait que le fœtus était *persona non grata*. Tout aussi fréquemment, l'accouchement se présente d'une façon hors du commun et se déroule très rapidement : la parturiente sent l'envie d'aller aux toilettes ... mais c'est un nouveau-né qui tombe dans la cuvette. S'y noyant dans la plupart des cas. Sinon, de nombreux décès proviennent des soins inappropriés de la mère, parfois un manque de soins ... et l'inexpérience en ce domaine.

Ce qui précède entrant dans le cadre de l'accident.
Autre chose est lorsque le bébé est vivant, mais "refusé" par la mère. Qui finira parfois par le tuer. Non dans un sentiment de haine ou tout autre motif similaire, mais parce que le nouveau-né n'a aucune valeur pour elle. Quand bien même la maman a

déjà d'autres enfants, élevés dans un climat familial convivial et harmonieux. Il s'agira alors, au niveau juridique, d'un infanticide jugé par le Jury populaire en Cour d'Assises.

Bien sûr, il est un fait que le verdict prononcé en fin des débats - à bureau fermé - des membres du Jury puisse sembler non approprié par une partie des citoyens. Toutefois, sans entrer dans les détails de la sélection des membres du Jury, il est un fait que leur diversité personnelle, culturelle, intellectuelle, professionnelle en fait un noyau représentatif de la Nation, de la société démographique. Qui se doit d'en conserver l'équilibre. "*Vox populi, vox dei*", comme le dit le proverbe latin. Assertion soutenue par de nombreux philosophes, ergotant parfois sur le rôle divin. Ce qui est préférable, convenons-en, à une justice unilatérale royale ou seigneuriale, comme celle qui condamna à la pendaison Catherine Ozanne, en 1773 !

Tout un chacun se souvient des deux cas de figure mis en exergue ces dernières années par les medias. Il y eut la maman française dissimulant les dépouilles de deux nouveaux nés dans le surgélateur au début des années 2000 après avoir éliminé un premier en 1999. Condamnation, en 2009, à huit ans de prison ferme et libérée un an plus tard. Lire à ce sujet l'ouvrage de son mari, JL Courjault, "*Je ne pouvais pas l'abandonner*" (Lafon - 2010). Il y eut également la condamnation de V.C. en mars 2015 à dix ans de prison ferme. Ce qui n'est même pas la partie émergée de l'iceberg, loin de là.

Voilà, les fardes se referment, direction la prison pour les condamnées, "affaire suivante".

Je me demande souvent ce qui peut en rester dans les souvenirs des juré(e)s. Pensent-elles ou ils par la suite : "peut-être aurais-je dû mettre mon veto" ? Pour le Juge, lui, "*dura lex, sed lex*". La loi est dure, mais c'est la loi. Il a accompli son travail. Les medias classeront les informations dans leurs archives pour les reprendre lorsque surgira un nouveau drame de même nature.

Avec une pièce qui manque au puzzle : les mamans "infanticides". Qui devront vivre, coûte que coûte, fût-ce pour pérenniser ou recréer l'atmosphère familiale une fois sorties de prison. Vie détruite par un court instant non encore clairement défini et décrypté. Retour au conscient d'une partie du subconscient remontant parfois à la jeunesse ? "*Nul ne guérit de son enfance*" comme le chante Jean Ferrat. Moment de folie incontrôlée ? Déni de grossesse total ? Espérons que les avancées de la science puissent un jour répondre à toutes les questions restées sans réponse.

Garantie de propriété

L'excision et l'infibulation. Encore en vigueur, principalement, dans la plupart des pays de la zone subsaharienne, avec une nouvelle extension dans le monde musulman, malgré les prises de position juridiques locales restant bien souvent sans résultats. Ces coutumes cruelles ont parfois accompagné les émigrations sur les autres continents.

De quoi s'agit-il, les deux opérations étant fréquemment liées ? L'excision consiste en l'ablation du clitoris, pour empêcher la future femme de prendre du plaisir à l'acte sexuel. L'infibulation est le fait d'assembler par une couture les petites et grandes lèvres du sexe féminin afin de garantir la virginité de la victime jusqu'au jour du mariage. Le "passage" de l'urine et des règles sera "assurée" par une minuscule ouverture laissée non couturée. Le retour à une certaine normalité - si l'on peut dire - sera réalisée par une "sage-femme".

Passons outre les détails factuels des interventions, aussi horribles les uns que les autres. En évoquant toutefois les graves risques au niveau de la santé : hémorragies, inflammations, septicémie, douleurs constantes. Les jours suivants seront consacrés à la fête. En danses, rires et sourires des femmes adultes. Dans la méconnaissance des souffrances de la jeune victime ? Certainement que non : la plupart des femmes en ont également souffert. Simplement dans l'expression d'une émotion, triste ou non. Le sourire et le rire n'ont pas la même valeur en Afrique que chez nous, occidentaux bien souvent coincés dans des attitudes de circonstance.

Ceci dit, l'origine de ces coutumes, qu'elles soient culturelles ou religieuses, est mal définie. Il est fort probable que les Romains faisaient infibuler leurs esclaves féminines afin d'éviter toute relation amoureuse. Plus proche de nous, le docteur Kellog (à cheval sur le XIXème et XXème siècle) préconisait l' "*excision chimique*" pour empêcher la masturbation des jeunes filles, source d'après lui de nombreux problèmes de santé.

Germaine

Germaine est à sa table, devant son assiette garnie de macaronis au fromage. Face à elle, Ronron, le gros chat noir qu'elle a recueilli il y a des années. Quoique recueilli ... ! On ne sait pas qui a recueilli l'autre. Il était entré un jour, en même temps qu'une cliente, dans son épicerie, et ne l'avait plus quittée. Il semble avoir compris que le restant de l'assiette fera son festin vespéral, mais il en prend déjà son écot.

Face à Germaine, la cuisinière Godin en fonte, héritée de ses parents. Sur la taque, dans une casserole qui fut émaillée, fristouille le pain de viande qui sera mis le lendemain dans des "terrines en plastic". Après, bien sûr, que Ronron leur ait donné un coup de langue ou de dents, se secouant de plaisir au-dessus de la viande ce qui la chamarre de touffes de poils noirs.

Sur une étagère fixée dans le manteau de la cheminée, des statues alignées comme des soldats de plomb. La Vierge de Fatima, de Lourdes, de Banneux, de Beauraing, etc.

L'achalandage de l'épicerie a fondu comme neige au soleil. Parfois, l'une ou l'autre personne de passage venant acheter une boîte à conserve, une bouteille de vin. Jetant un coup d'œil sur le comptoir-frigo, non branché, couvert de plats préparés fort peu appétissants au milieu desquels se faufile Ronron . Puis, la poignée de fidèles, des gens du quartier. Achetant le contenu du comptoir. Ce que Germaine ne sait pas, c'est que ces femmes et hommes font partie d'un groupement du quartier, s'étant donné comme mission de ne pas abandonner la "plus vieille épicière du quartier" chez qui leurs parents allaient faire leurs courses, avant de devenir une vieille femme à la propreté douteuse, les jambes déformées par d'énormes varices. Sale ? Germaine n'a pas de salle de bain. Lorsqu'elle fait sa toilette, elle utilise l'évier de la cuisine avec son unique robinet d'eau froide.

Germaine est toujours à table. Elle a fermé la porte de l'épicerie et ouvert sa première bière Trappiste. Chaque soir, trois avant d'aller dormir. Pour oublier les souvenirs qui la hantent.

Mille neuf cent dix-neuf. Ce coin de banlieue d'une grande ville a conservé un aspect quasi villageois. Sur la place communale, le petit café avec terrasse sur le trottoir. Aujourd'hui, splendide dimanche estival. Atmosphère assommée par la chaleur. Le café ne désemplit pas, le Lambic coule à flots. Le père remplit les verres au comptoir, la mère est à la caisse, Germaine sert les clients en terrasse. Odeur douceâtre de la fumée sortant du fourneau des pipes de ces messieurs. Tabac de la Semois ou d'Appelterre. "Mademoiselle, un Lambic s'il-vous plaît". En lui apportant sa bière ambrée, Germaine le regarde furtivement. Des yeux rieurs, une fine moustache frisée, une tenue désignant immédiatement sa profession : employé de banque ou fonctionnaire.

La semaine qui suit efface le souvenir de l'inconnu. L'après-midi dominical suivant, "Mademoiselle, un Lambic, s'il-vous-plaît". Il est de retour, tous les dimanches. L'été en terrasse, l'automne et l'hiver dans la salle du café. Un jour, "Mademoiselle, est-ce

Monsieur votre père au comptoir ?" Quelque peu interloquée, "Oui, Monsieur". Le jeune homme se lève, va au comptoir, discute quelques minutes avec le père de Germaine. A son retour, "Mademoiselle, me permettrez-vous de vous emmener en promenade dans le parc communal après votre travail ? Votre père est d'accord". Un "oui, Monsieur" qui vient vite, très vite.

Cupidon décrochera rapidement ses flèches d'or. Les deux inconnus d'il y une poignée de mois deviennent des amoureux parlant mariage, enfants, maison. Léon, puisque c'est son nom, ira travailler tandis que Germaine s'occupera de la maison et des enfants. Rien n'est encore annoncé aux parents.

Une fin d'après-midi, au début de leur promenade, "Germaine, j'ai une triste nouvelle pour vous !" Léon avait fait la connaissance d'une collègue, Hortense, travaillant également au ministère. Son père occupe une place honorable comme directeur à la Société des chemins de fer, ce qui promettait au traître une dot confortable, ainsi qu'un logement gratuit. Germaine la connaissait, Hortense : même classe à l'école des sœurs du quartier. "J'ai compris, Léon. Rentrez chez vous, je retourne à la maison".
"Qu'as-tu, Germaine. Tu pleures ?" "Rien, père, j'ai fait une petite chute sans gravité. Je vais un peu me reposer". Sur son lit, des torrents de larme. Puis, "je ne me marierai jamais. Un jour, je me vengerai".

Les années se passent. Après la seconde guerre mondiale, les parents de Germaine transforme le café en épicerie. Elle ne désemplit pas plus que l'ancien bistrot. Du moins au début. Le printemps n'est pas éternel. Les parents sont partis dormir pour l'éternité dans le silence du cimetière. Le client se fait rare, l'épicerie ni l'épicière n'attirent le client. Qui commence à se négliger. L'arivée de Ronron, le chat noir, est loin d'arranger les choses : il privilégie comme promenade l'inspection des terrines du comptoir en y passant un coup de langue.

La vengeance qu'elle s'était promise s'en viendra, un dimanche fin des années quatre-vingt. Ce jour-là, fête du quartier, marché hebdomadaire. Hortense, devenue échevine du commerce de la commune, parade orgueilleusement dans le quartier, suivie par des journalistes.

Germaine attend le client, assise à sa table. La porte de l'épicerie s'ouvre. Germaine va au magasin, pour découvrir Hortense et ses quelques journalistes. "Voilà, Messieurs, la plus vieille épicerie du quartier, tenue par mon amie Germaine."

La réponse ne se fait pas attendre. "Sors d'ici, vieille salope ! En mille neuf cent dix neuf, tu m'as volé mon fiancé en l'attirant avec ton argent et gâché ma vie. Maintenant, tu pavanes toute maquillée comme un vieille rombière. Fous le camp, je te dis, tu pollues le magasin. Sors d'ici, salope ou je te crache dessus !" Les journalistes prennent des notes.

Dans des "je suis désolée, Messieurs. Germaine n'a pas toujours toute sa raison", la petite troupe s'en va.
Germaine s'en retourne à sa table. "Ronron, je l'ai eue ma vengeance. Il est encore un peu tôt, mais je m'ouvre une Trappiste pour fêter cela".

Musulmane
Au cœur de l'Aveyron, lovée au creux des collines boisées de castanhs (châtaigners) et de cerisiers, la grosse bourgade de Rodez. En été, la ville dort du sommeil des cités provinciales écrasées de soleil, bercée par le chant de la rivière, la Truyère, qui traverse la ville en faisant rouler les cailloux.

Aujourd'hui pourtant, en cette fin de matinée de la fin juin, la bourgade est en pleine effervescence. Le marché du mercredi a métamorphosé la Place du Bourg en un puzzle de tentes. Dans l'air se distille le kaléidoscope de fragrances diverses. Fruits, viandes et poissons. Charcuteries, fleurs et épices.

Les chalandes et promeneurs, de la région ou en costume bigarré de vacanciers, se faufilent entre les étals.

Parmi la foule, une poignée de femmes tout habillées de noir de la tête aux pieds, les cheveux recouverts du hijab, le foulard.

Des musulmanes.

Elles rient, se parlent des enfants, du mari, font leurs emplettes. "Salam alikoum, Ahmed. Pendant que je fais le tour du marché, tu me prépares de quoi faire un kesksu (couscous, au Maroc) pour ce soir ? Pour quatre personnes. N'oublies pas l'agneau". "Oh, c'est la fête chez toi, Ayacha ?" "Oui, la fête à Hamza. On l'a inscrit ce matin à l'école".

Elles ont l'air heureuses, joyeuses, les musulmanes.

Pourtant, lorsqu'elles se retrouveront dans leur HLM, elles redeviendront inquiètes. Que le mari perde son emploi ? Qu'il parte visiter ses parents au Maroc et ne revienne pas ? Oui, bien sûr. Sinon, le pire : que l'aîné de ses enfants devienne radical et parte dans l'un de ces pays où l'on apprend aux enfants à se battre et à tuer. "Inch Allah", marmonne-t-elle souvent pour calmer ses angoisses.

Mais au delà de ces craintes existe la solitude. Auparavant, Ayacha s'entendait bien avec tous les habitants de l'immeuble. Maintenant, si le vernis reste le même, le bois qu'il recouvre semble se désagréger. Depuis les attentats, les adolescents portant une ceinture d'explosifs sous leur gilet pour se faire sauter dans un endroit public, le regard des voisins n'est plus le même. Leur chaleur ne vient plus du cœur. Si elle en parle à son mari, "mais ne t'en fais pas. Allah les punira en les enfermant en Jahim (l'Enfer)".

Ayacha se sent souvent seule. Comme ses amies.

De choses et d'autres

Le sentiment de supériorité de beaucoup d'hommes s'exprime bien souvent. Parfois de façon anodine s'inscrivant dans le concept de la bêtise, parfois sous une forme impactant d'avantage.

Autoroute vers Lyon, direction un petit village du Midi où la famille passera ses vacances en gîtes d'hôtes. Circulation chargée, difficulté de dépasser. Pourtant, Monsieur Durant aimerait avancer, pour arriver à Lyon à l'heure qu'il s'était fixée. Ce sera la discussion au retour avec ses collègues masculins, à qui aura rejoint le plus rapidement le tunnel sous Fourvière. Avec sa BMW, il sera le gagnant. "*Tu verras, Marie, c'est moi qui remporterai le café gratuit. Non, mais tu as vu, cette bagnole devant qui roule comme un saucisse ? Elle n'est qu'à du 110. C'est certainement une femme. On ne devrait pas leur accorder le permis de conduire !*"

Il en existe à la pelle, ce genre de réflexion stupide. Cauvin, dans ses bandes dessinées "*Les femmes en blanc*", Binet avec "*Les Bidochons*" s'en donnent à cœur joie pour caricaturer avec ironie ce genre d'attitude.
Ce qui nous mène à l'autre volet des reliquats du machisme : la prise de position de certains hommes vis-à-vis de la gent féminine.
Quelques exemples ?

A part quelques exceptions, les caisses des grandes surfaces en alimentation sont tenues par des femmes. Parfois, durant les vacances, par l'un ou l'autre étudiant y prestant leur job provisoire. En reconnaissant toutefois que les choses semblent évoluer favorablement.

Le monde de la médecine spécialisée a parfois eu du mal d'accepter une chirurgienne, une dentiste, sinon même une gynécologue. Certain(e)s patient(e)s aussi, du reste.

Il en est pareil dans la politique jusqu'il y a peu. Les femmes premier-ministre sont encore largement la minorité. Pourtant, malgré l'opposition à certaines de leurs idées - tout comme leurs confrères masculin -, le monde de la politique et le citoyen ont vu et admirent encore des femmes remarquables, volontaires. Evoquons simplement Angela Merkel.

Epilogue

La galerie de portraits décrits dans cet ouvrage, mêlant fiction et réalité, n'a bien entendu aucune prétention d'être exhaustive.

L'on peut raisonnablement penser que le clivage entre la parité homme/femme et la femme en tant que telle n'intéressant certains hommes que pour son enveloppe charnelle va en s'accroissant : il suffit pour cela de voir la publicité à la télévision. Du reste, le développement des medias, avec mise sur le tapis de tout ce qui se passe dans le Monde à tous points de vue, a été de nature à faire croître ce phénomène ne datant certainement pas d'hier. Ce qui n'empêche que le sort de la femme, en tous cas dans les pays dits civilisés s'est fort amélioré ces dernières décennies.

Toutefois, il reste toujours aussi précaire dans certaines régions du Globe. Femmes mutilées sexuellement par les belligérants de la partie adverse, réseaux de femmes provenant de l'Etranger à qui est promis du travail bien rémunéré et se retrouvant "en vitrine", femmes obligées de vendre leurs enfants pour avoir de quoi survivre, elles et leur famille, etc.

Dans ce sens, le rôle des hommes est souvent primordial et quelque part fangeux. Que ce soit par leur exploitation ou l'imposition de leur "supériorité" via la violence conjugale ou les saillies sans amour. Ces deux attitudes traversant les océans et se retrouvant dans toutes les classes sociales.

"Un jour pourtant, un jour viendra, couleur d'orange. (...) Un jour d'épaule nue où les gens s'aimeront", comme le disait Aragon.

On peut toujours rêver !